Aconteceu na Escola

Um dia de Princesa

IDEIA ORIGINAL, CONFECÇÃO DOS BONECOS/FIGURINOS/ACESSÓRIOS DE CENA E TEXTO
Anna Claudia Ramos & Sandra Pina

MODELAGEM, TINGIMENTO E CONFECÇÃO DOS BONECOS
Marcela Cantaluppi

DIREÇÃO DE ARTE, PROJETO GRÁFICO, DIAGRAMAÇÃO
E ILUSTRAÇÕES (A PARTIR DOS BONECOS)
Luis Saguar & Rose Araujo

FOTOS DOS BONECOS, CENÁRIOS E OBJETOS
Marcelo Corrêa

Anna Claudia Ramos & Sandra Pina

Aconteceu na Escola

Um dia de Princesa

Rio de Janeiro, 2012.

Agradecimentos

A Carmo Novello, pelas fotos-guia e pelo carinho.
A Layla Campêlo, pela ajuda com as coroas e pelas fotos de bastidores.
A Marcela Cantaluppi, pelo apoio profissional.
A avó da Sandra, Palmyra Paredes (*in memorian*), pelas roupinhas da professora.
As crianças do CIEP Tancredo Neves, a Macela Gaio e Sonia Rosa,
pela tarde de histórias inspiradoras.

• 1 •
Nasce uma ideia

Tudo começou quando a professora Janaina foi visitar a mãe no fim de semana e encontrou algumas fotos de quando ainda era uma menina na escola. Sentiu uma tristeza danada ao lembrar que ela nunca era escolhida para ser a princesa das peças teatrais que eram montadas no fim do ano.

Janaina voltou para casa inquieta. Não queria que seus alunos sentissem essa mesma tristeza e não parava de pensar no que poderia fazer para que isso não se repetisse.

Naquela noite, as imagens da infância visitaram seus sonhos. Ela chorando escondida atrás da porta quando soube que não seria a princesa, e a voz da coordenadora afirmando: "Como sempre, Luiza será a princesa. Ela é perfeita, tão linda..."

Na segunda-feira pela manhã, ao chegar à Sala de Leitura, Janaina teve uma ideia. Uma ideia genial. Começou a passear por entre as estantes, até parar em frente à prateleira dos contos que encantaram a sua infância. Seu coração começou a bater mais forte, até que num impulso gritou: "Encantamentos!!! Achei o nome!!!"

O próximo passo seria colocar sua ideia em prática. Mas como?

• 2 •
Como tudo começou

A turma entra em sala e Janaina pergunta:

– Crianças, vocês já tiveram alguma ideia para a apresentação na semana do livro?
– Apresentar o quê? – falou Cleberson
– Que saco! Apresentação de novo!! – reclamou Sthefany
– Deixa de ser implicante! Que tal se a gente fizer um teatro, professora?

Janaina abriu o maior sorriso.
– Você leu os meus pensamentos, Flavinho?
– Como assim, professora?
– É exatamente isso que estou pensando em fazer com vocês: montar uma peça de teatro.
– Mas dá muito trabalho, *profe*. – Elton torceu o nariz
– Se cada um fizer um pouquinho a gente pode fazer e vai dar certo, não é, Janaina? – defendeu Daiane.

Janaina se empolgou, afinal, sua ideia só daria certo para valer se as crianças realmente se envolvessem. E isso estava começando a acontecer naturalmente.

– E agora? O que a gente precisa fazer, professora? – quis saber Léo.
– Precisamos escolher uma história. Eu tenho uma ideia, mas quero ouvir a opinião de vocês.
– Mas tem que ter princesa, Janaina! – disse Eriem.
– Lá vem a Eriem sonhando em ser princesa de novo, até parece que pode! – alfinetou Gesimar.
– Claro que eu posso ser princesa, qual o problema, garoto? Meu pai diz que eu sou a princesinha dele.
– Só dele mesmo! Nunca vi uma princesa igual a você.
– E por que não? – perguntou Janaína. – E sem dar tempo de qualquer reação da turma, emendou: – Então, está escolhido: Eriem será a princesa da peça. Alguém tem alguma coisa contra?

Ninguém falou mais nada.

· 3 ·
A escolha

Os dias que se seguiram foram extremamente atarefados na Sala de Leitura. A turma toda queria participar da escolha da peça que encenariam. As opiniões eram diversas, mas numa coisa todos concordavam: a peça tinha que ter princesa. Mas qual? Eram tantas...

Até que um dia, enquanto as crianças se acomodavam na Sala de Leitura, Gesimar foi logo contando:

– Você não vai acreditar no que aconteceu na aula de matemática, Janaína!
– Gesimar! – gritou Elton cheio de vergonha.
– E daí? Você dormiu mesmo! Qual o problema? Todo mundo viu, eu não tô contando nenhuma mentira... Se ainda fosse uma menina, eu ia passar a te chamar de bela adormecida. – debochou.
– Ahhhh! – suspirou Aline. — Eu adoro essa história...

Sem falar nada, Janaína correu até a estante dos contos de fada.

– Vocês acabaram de achar a história que vamos encenar – falou, enquanto voltava para a roda, trazendo o livro nas mãos.

• 4 •
Os preparativos

História escolhida, papéis definidos e distribuídos, restava agora ensaiar as crianças e cuidar da produção da peça: roupas, cenários e adereços. Ufa! Tanta coisa que Janaína quase desanima do projeto. Mas fechava os olhos, imaginava o sorriso de Eriem vestida de princesa e a determinação voltava com toda a força.

Num desses dias em que tudo conspirava contra o projeto, Janaína foi abordada na porta da escola pela mãe de Sthefany.

– Professora, outro dia minha filha chegou contando que não vai ser a princesa na peça que vocês estão montando, mas...
– Mas a Sthefany será uma das fadas – justificou rapidamente Janaína.

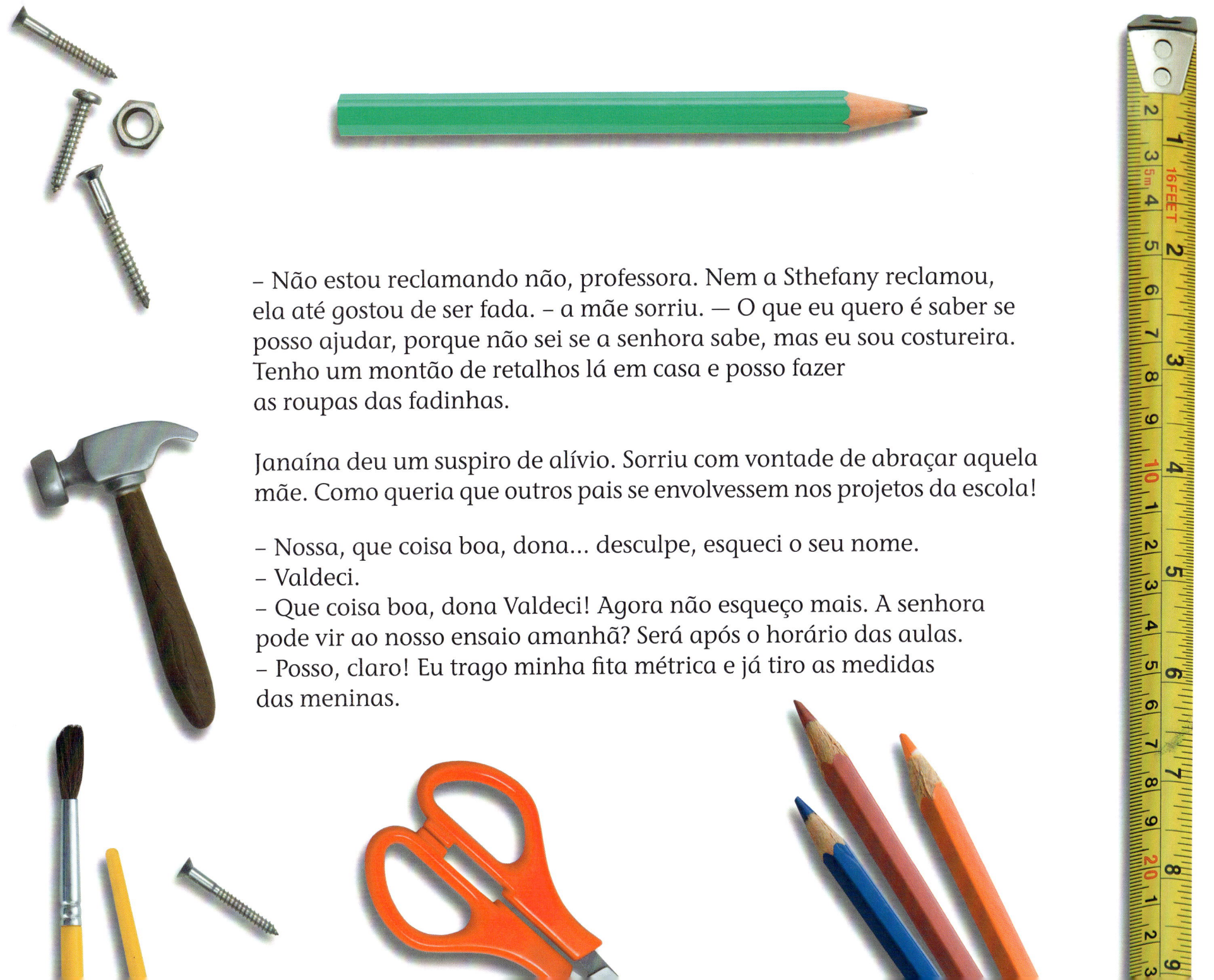

– Não estou reclamando não, professora. Nem a Sthefany reclamou, ela até gostou de ser fada. – a mãe sorriu. — O que eu quero é saber se posso ajudar, porque não sei se a senhora sabe, mas eu sou costureira. Tenho um montão de retalhos lá em casa e posso fazer as roupas das fadinhas.

Janaína deu um suspiro de alívio. Sorriu com vontade de abraçar aquela mãe. Como queria que outros pais se envolvessem nos projetos da escola!

– Nossa, que coisa boa, dona... desculpe, esqueci o seu nome.
– Valdeci.
– Que coisa boa, dona Valdeci! Agora não esqueço mais. A senhora pode vir ao nosso ensaio amanhã? Será após o horário das aulas.
– Posso, claro! Eu trago minha fita métrica e já tiro as medidas das meninas.

O que Janaína não esperava foi a verdadeira comitiva de pais que apareceu no dia seguinte com dona Valdeci. O grupo ganhou não apenas uma costureira, mas duas. E mais: um marceneiro, uma doceira e um pai que trabalha numa oficina de reciclagem.

Sem querer, o projeto estava ganhando uma dimensão maior do que Janaína poderia imaginar. Há muito a direção da escola tentava envolver a família nas atividades, mas isso nunca acontecera. E agora, as famílias é que estavam se dispondo a ajudar espontaneamente.

A cada ensaio o grupo ganhava mais força. Dona Chiquinha brincava dizendo que ela era a mais importante, porque enchia a pança da turma.

Toda essa movimentação das últimas semanas criou uma expectativa entre os alunos e professores, e até mesmo entre os pais que não estavam engajados no projeto. O ensaio geral precisou ser feito no fim de semana para não revelar tantos segredos...

• 5 •
O grande dia

Narrador (Gesimar): — Era uma vez, num reino muito, muito distante, um rei e uma rainha que desejavam bastante ter um filhinho. Eles viviam tristes porque não havia nenhuma criança para alegrar o castelo imenso onde moravam.

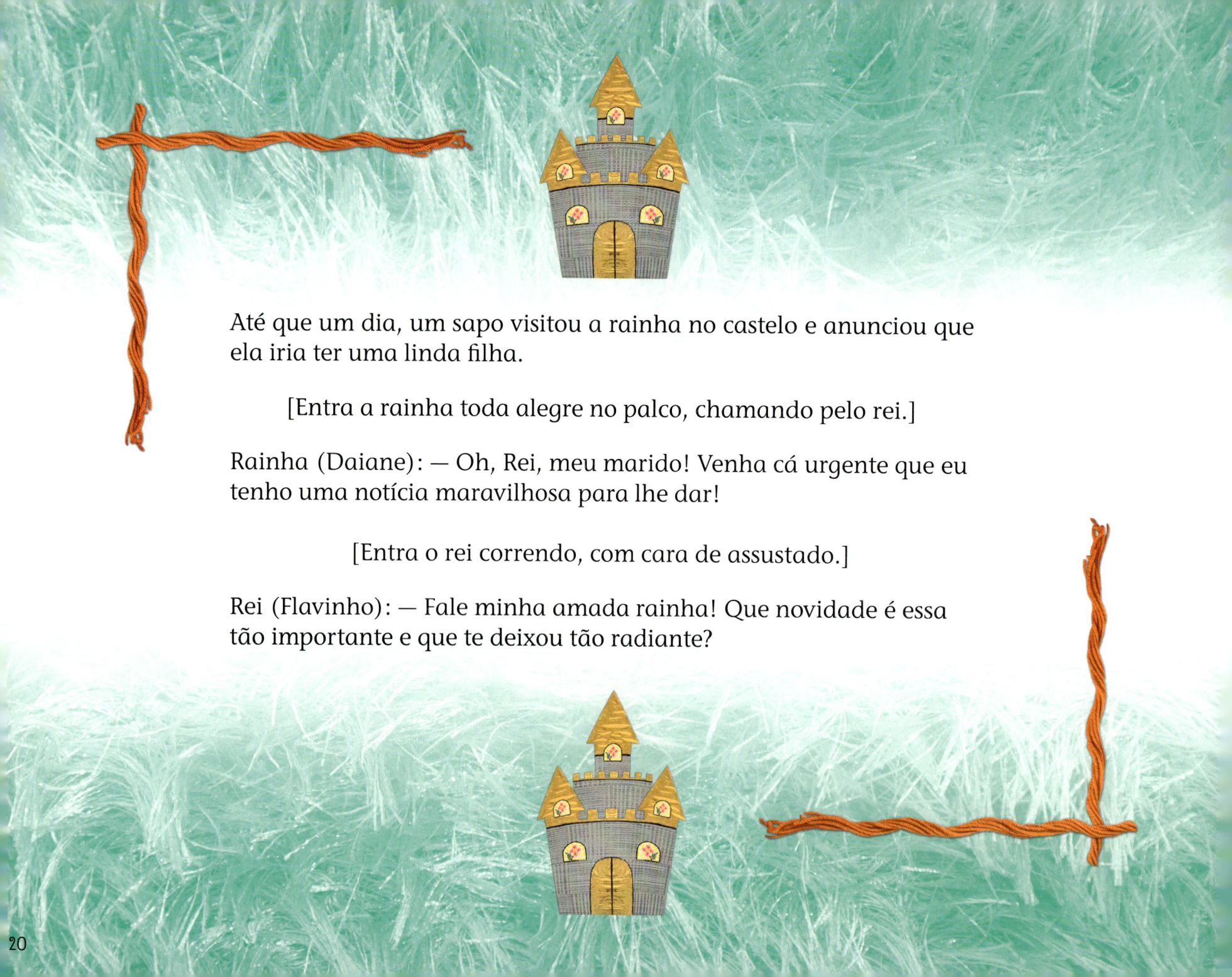

Até que um dia, um sapo visitou a rainha no castelo e anunciou que ela iria ter uma linda filha.

[Entra a rainha toda alegre no palco, chamando pelo rei.]

Rainha (Daiane): — Oh, Rei, meu marido! Venha cá urgente que eu tenho uma notícia maravilhosa para lhe dar!

[Entra o rei correndo, com cara de assustado.]

Rei (Flavinho): — Fale minha amada rainha! Que novidade é essa tão importante e que te deixou tão radiante?

Rainha: — Meu amado, vamos ter uma filhinha!
O sapo me avisou!
Rei: — Que felicidade, que felicidade, que felicidade!!

[O rei e a rainha ficam no palco
dançando de felicidade,
enquanto o narrador fala.]

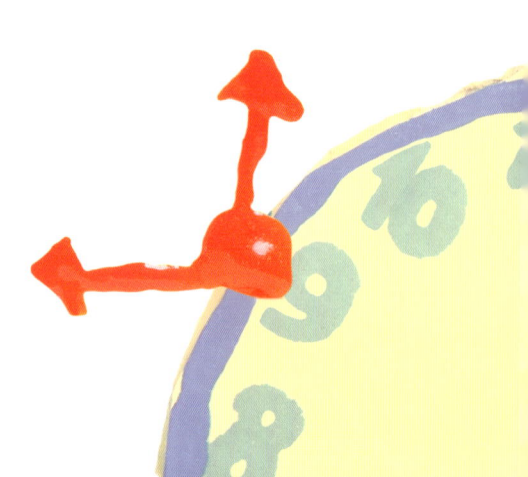

Narrador: — O tempo passou e a princesinha nasceu, linda e formosa.

[Enquanto o narrador fala, um dos figurantes atravessa o palco com uma boneca/bebê na mão e entrega para a rainha.]

Narrador: — Para comemorar o nascimento da princesinha, os reis fizeram uma grande festa e convidaram quatro fadas para que elas a presenteassem com os encantos mais maravilhosos do mundo.

[Entram os figurantes.
A princesa é colocada num bercinho.
Entram as 4 fadinhas, que apontam suas varinhas de condão para a princesa.]

Fada 1 (Marcelle): — Meu presente para a princesa é o dom da beleza!
Fada 2 (Bia): — Eu dou o dom da bondade para a pequena princesa.
Fada 3 (Sthefany): — O dom que eu dou é o da paciência.

[A fada 4 está esticando a mão com a sua varinha, quando entra enfurecida a fada má.]

Fada má (Nathalie): — Como vocês ousam fazer uma festa sem me convidar! Eu também tenho um presentinho para a princesinha! [Gargalha.] Meu presente para ela é a morte! Quando completar quinze anos, espetará o dedo num fuso e cairá morta!! [Gargalha novamente.]

[A fada má sai de cena rindo maquiavelicamente.]

Todos em cena: — Ohhhhhhh!
Fada 4 (Aline): — Queridos rei e rainha não se preocupem. Eu ainda não dei o meu presente. Eu não posso desfazer o feitiço de uma fada mais velha do que eu, mas posso transformá-lo. [Estica a varinha de condão.] A princesinha não cairá morta, apenas em sono profundo que vai durar cem anos. E com ela, todo o reino dormirá.

Rei: — De hoje em diante está proibido o uso de fusos no reino. Soldados!

[Entram os soldados Cleberson e Elton.]

Soldados: — Sim, meu rei.
Rei: — Queimem todos os fusos do reino. Imediatamente!
Soldados: — Sim, senhor rei.

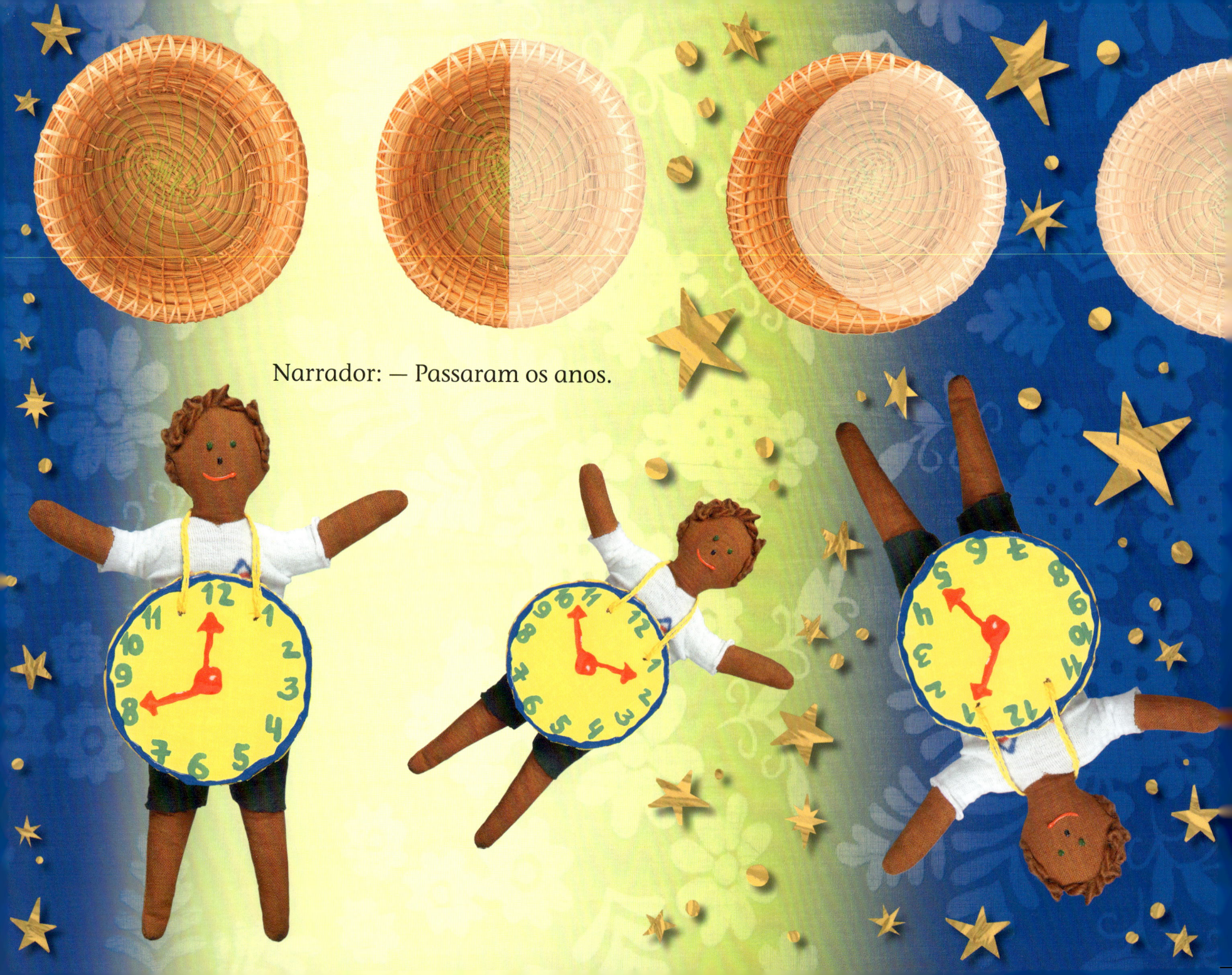

Narrador: — Passaram os anos.

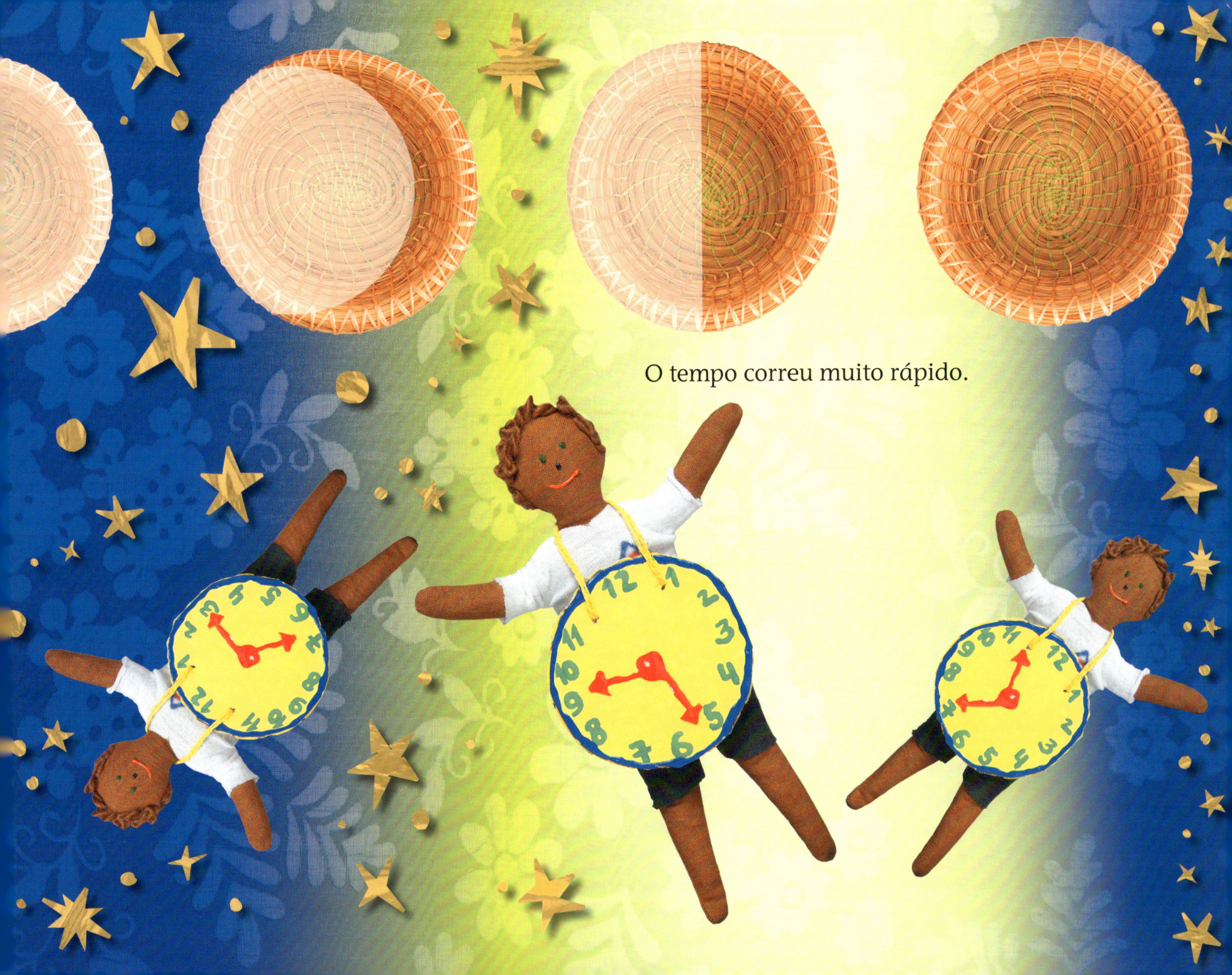

O tempo correu muito rápido.

No dia em que a princesa completou quinze anos, o rei e a rainha estavam preparando a festa de aniversário da filha, enquanto ela passeava pelo castelo.

Princesa (Eriem) [No canto do palco.]: — Eu não conhecia essa parte do palácio. [Olha para a velhinha.] Bom dia, avozinha! O que está fazendo?

[Do outro lado do palco, está a Fada má vestida de velhinha fiando num fuso.]

Fada Má: — Bom dia, minha princesa! Estou fiando. Quer aprender?
Princesa: — Claro! Nunca vi uma máquina dessas na vida!
Narrador: — O que a princesa não sabia, era que a velhinha era a fada má disfarçada e que aquela máquina era um fuso.

[Princesa coloca a mão no fuso.]

Princesa: — Aaaaaaaaaaaaaaaaaaaaaaaai! Me espe... [Grita bem alto e cai deitada no chão.]

[A fada má sai de cena as gargalhadas por um lado e o rei, a rainha e todos entram correndo.]

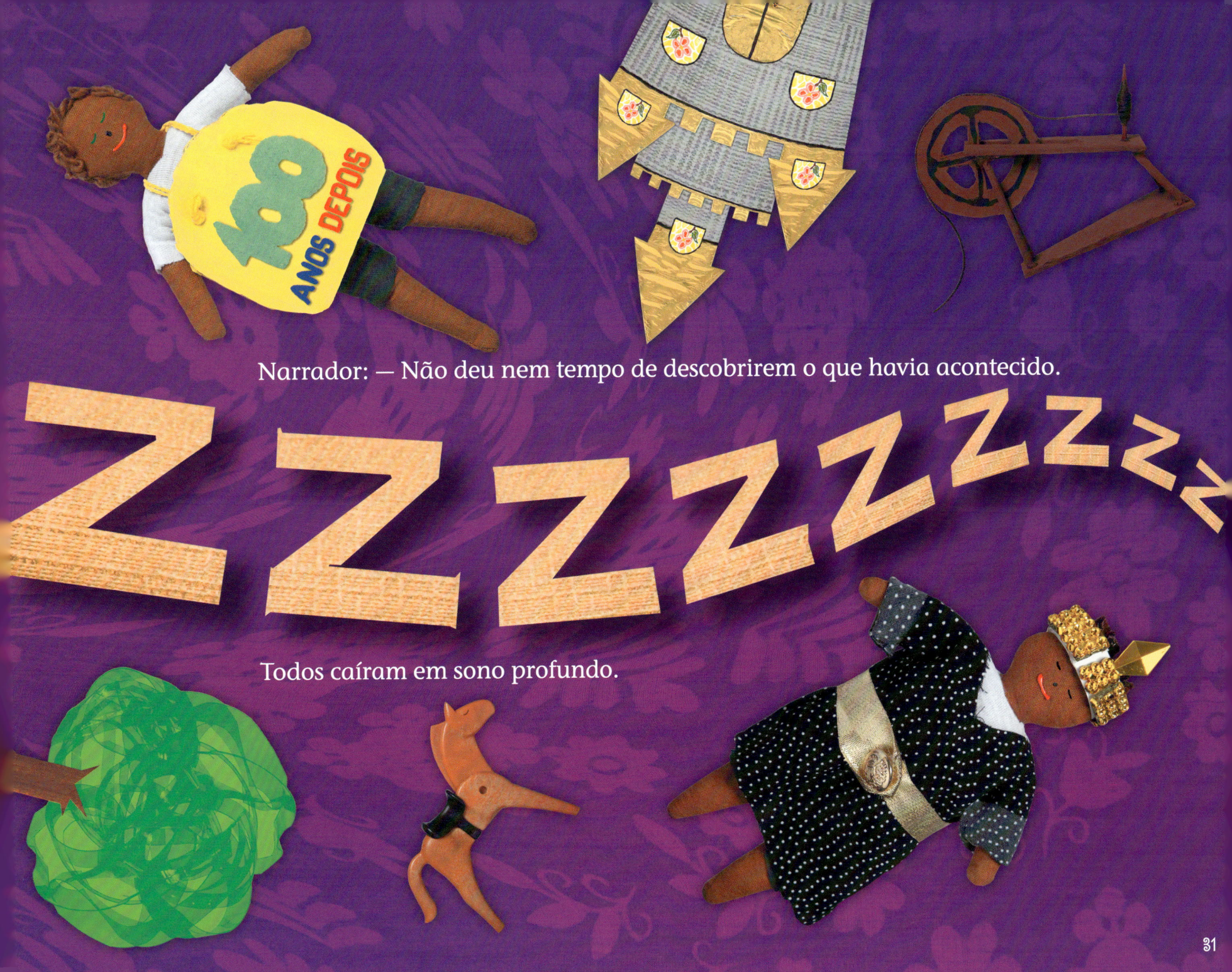

Narrador: — Cem anos se passaram e numa bela tarde, um lindo príncipe montado a cavalo passou em frente ao castelo encoberto pelas árvores encantadas e ficou muito curioso com aquele lugar.

Príncipe (Leo) [Cavalgando no cavalinho de pau.]: — Que lugar estranho! Sinto que preciso entrar nessa floresta! Será que estou sonhando ou tem mesmo um castelo escondido?

[Os contra-regras retiram as árvores de garrafa pet enquanto o príncipe vai passando com uma espada na mão.]

Príncipe: — Acho que esse lugar é mágico. Nem preciso de minha espada para abrir caminho pelo meio das árvores.

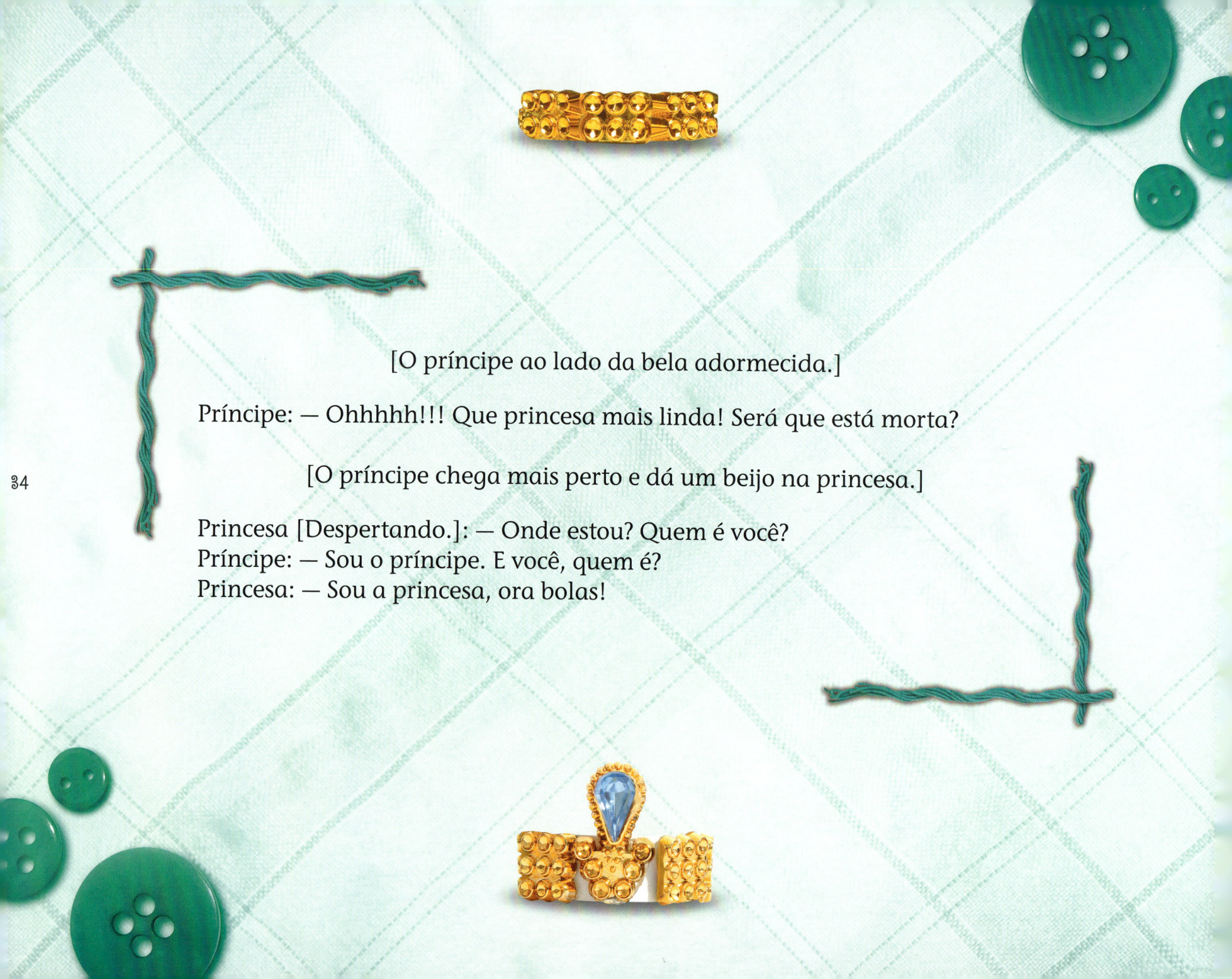

[O príncipe ao lado da bela adormecida.]

Príncipe: — Ohhhhh!!! Que princesa mais linda! Será que está morta?

[O príncipe chega mais perto e dá um beijo na princesa.]

Princesa [Despertando.]: — Onde estou? Quem é você?
Príncipe: — Sou o príncipe. E você, quem é?
Princesa: — Sou a princesa, ora bolas!

[Todos acordam e, enquanto o narrador fala, saem de cena, inclusive o príncipe e a princesa.]

Narrador: — Foi amor a primeira vista! Príncipe e princesa se apaixonaram e nunca mais conseguiram se separar. Pouco depois, houve a grande festa do casamento.

[Entram no palco, em cortejo, o rei, a rainha, seguidos pelos soldados, pelas fadas e pelos figurantes. Logo depois, entram o príncipe e a princesa, já vestida de noiva.]

Narrador: — E como sempre acontece nas histórias de princesa, eles se casaram e foram felizes para sempre.

• 6 •
E depois...

Todos estavam emocionados quando a peça acabou.

O público de professores, pais, amigos e parentes não parava de aplaudir de pé o espetáculo.

Ninguém percebeu os olhos cheios de água de Janaína, que se sentia novamente menina através da satisfação e felicidade de Erien, que teve seu dia de princesa.

Em meio aos abraços e beijos, uma mão puxou Janaína pelo ombro. Era o professor Adriano, de Educação Física.

– Parabéns, Janaína! Estou encantado!
E já até estou imaginando a próxima peça.

– Adriano, calma! Essa nem acabou direito!
Você já está pensando numa próxima?
Sabe o trabalho que dá?

– Faço ideia! Mas tenho uma história ótima
para te contar. Você conhece "O patinho feio",
não conhece? Vamos montar essa peça?
Eu te ajudo, que tal?

– Gostei da ideia!

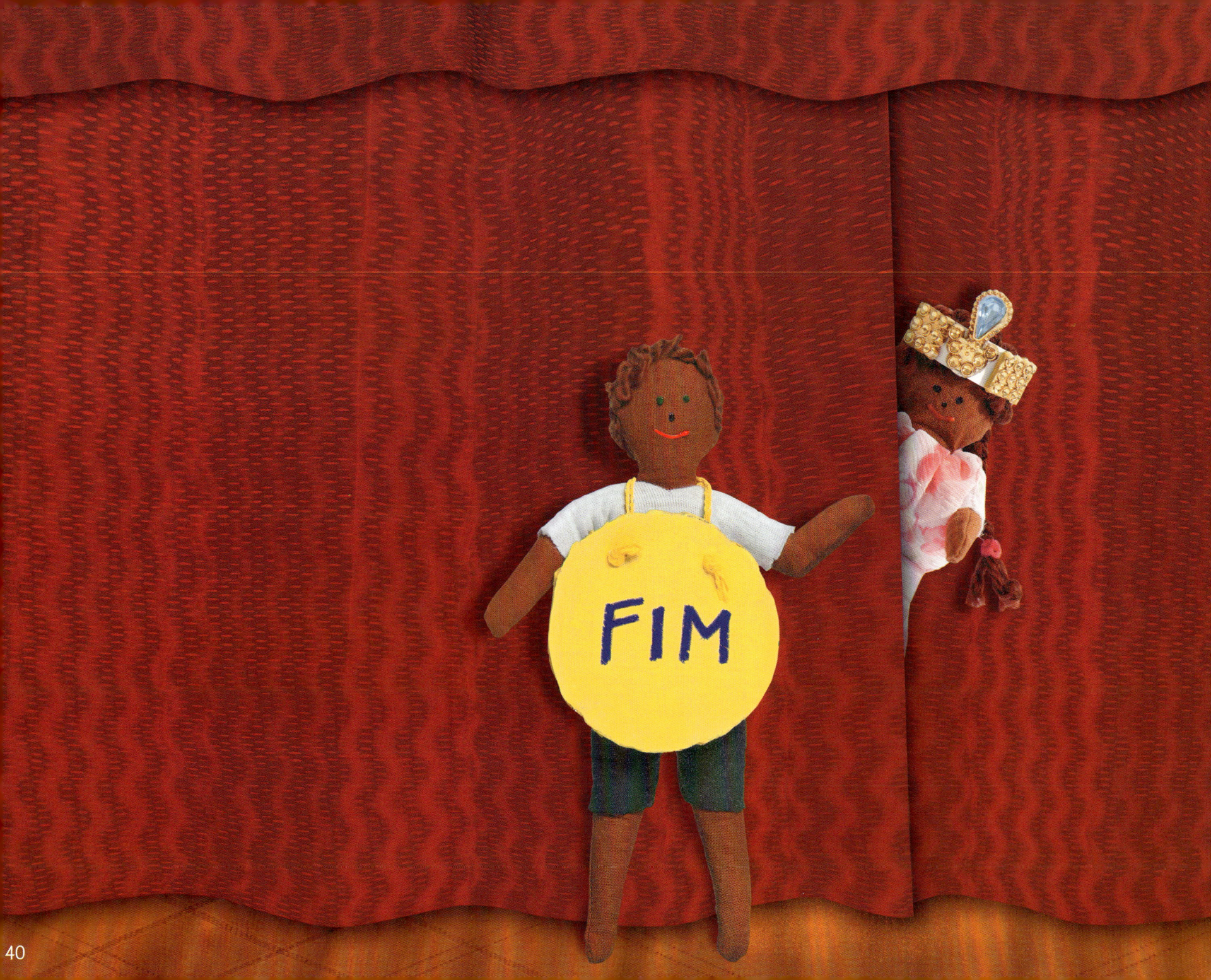

Como nasceu o projeto

A ideia deste livro nasceu numa tarde de primavera em 2010, quando Anna estava visitando a Sala de Leitura que leva o seu nome. As crianças iam fazer algumas apresentações e Anna ler um livro seu. Enfim, uma tarde alegre! Enquanto os alunos encenavam algumas peças de teatro, começou a nascer na cabeça de Anna a ideia de um livro. Um livro não, uma coleção de livros chamada "Aconteceu na escola". Reis, rainhas, príncipes, princesas, anõezinhos, soldados, de diferentes etnias e constelações familiares se apresentariam no pátio da escola.

Quando Anna saiu de lá ligou na mesma hora para Sandra propondo que desenvolvessem esse projeto juntas. Ela, sem nem se dar conta do trabalho que viria pela frente, topou na mesma hora. As duas trocaram ideias, alinhavaram alguns detalhes, imaginaram ilustrar os livros com bonecos de papel, mas não chegaram a escrever nada. Alguns meses se passaram e o projeto ficou em banho-maria.

Até que um dia, numa reunião que não tinha nada a ver com esse projeto, Anna comentou com Mariana e Cristina, da *Pallas Editora*, sobre um livro que estava fazendo com Sandra Pina e contou alguns detalhes da história, que tinha como seu maior trunfo o diálogo de texto-imagem. As editoras "compraram" a ideia na hora.

Os bonecos deixaram de ser de papel para serem de pano. Foram semanas entre tecidos, agulhas, linhas, tintas, papéis etc., até chegarem ao resultado que está nestas páginas, e que revela um segredo especial, que faz uma homenagem a muitas meninas que desejam ser princesas.

SANDRA PINA e ANNA CLAUDIA RAMOS

As Autoras

ANNA CLAUDIA RAMOS e **SANDRA PINA** são amigas desde 1998. As duas se conheceram na *Oficina de Criação Literária Escrevendo para Crianças* que Anna ministrava naquele ano na *Estação das Letras* e onde Sandra era uma das alunas. As histórias de vida, o amor pela literatura e pelos livros e o trabalho desenvolvido por ambas na *Associação de Escritores e Ilustradores de Literatura Infantil e Juvenil* (AEILIJ) fizeram nascer uma amizade sólida e curiosa. Curiosa porque ninguém consegue entender como duas pessoas tão diferentes conseguem ser amigas. Anna adora acordar cedo e trabalhar de manhãzinha. Sandra adora dormir bem tarde e trabalhar durante a madrugada. Anna tem uma cachorra. Sandra tem um gato. Anna adora esportes, Sandra fica cansada só de escutar o que Anna contou sobre seus passeios de bicicleta. Mas as duas adoram conversar, trocar ideias sobre a vida, sobre os livros e suas famílias. Ambas moram no Rio de Janeiro e muitas tardes, quando se falam via telefone, skype, msn, facebook e percebem que estão exaustas, falam assim: "daqui a uns quinze minutos naquele lugar de sempre!" O lugar de sempre é um ponto específico na praia de Copacabana. Elas se encontram, andam na beira da praia, conversam até cansar e voltam para suas casas levinhas como a brisa do mar. Voltam às suas famílias e aos seus afazeres com outra energia. Vantagens de morar perto da praia...

As duas sempre se prometeram fazer um livro juntas, mas nunca que faziam. Anna Claudia acabou escrevendo livros em parceria com outros autores, Sandra também. Chegaram a publicar contos em um mesmo livro de uma coleção organizada por Anna, mas até então não tinham feito nenhum livro só das duas e não entendiam por que. Até que surgiu a ideia deste livro. Foi então que entenderam porque tinham esperado tanto tempo. Era preciso um projeto pra lá de especial, pois ambas escreveram o texto e resolveram ilustrar com bonecos e cenários feitos por elas, marcando assim uma nova etapa na carreira de cada uma. E podem acreditar, as duas adoraram passar muitas tardes brincando de boneca e casinha...

E para você saber um pouco sobre a vida de cada uma, conto que Anna Claudia é carioca, escritora, ilustradora, graduada em Letras pela PUC/Rio, mestre em Ciência da Literatura pela UFRJ, sócia-diretora do *Atelier Vila das Artes Produção Editorial* e mediadora do programa *Leitura em Debate: a LIJ na Biblioteca Nacional*. Sandra Pina é carioca, escritora, ilustradora, graduada em Comunicação Social pela PUC/Rio, especialista em Literatura Infantil e Juvenil pela UFF e tradutora de inglês e espanhol. Atualmente ambas viajam pelo Brasil afora ministrando palestras e oficinas sobre suas experiências com leitura e como escritoras e especialistas em LIJ.

Copyright©2012
Pallas Editora

• Editoras •
Cristina Fernandes Warth e Mariana Warth

• Coordenação Editorial •
Raphael Vidal

• Coordenação Gráfica •
Aron Balmas

• Direção de Arte • Projeto Gráfico •
• Diagramação • Ilustrações • Capa •
Luis Saguar e Rose Araujo

• Fotos •
Marcelo Corrêa

Este livro segue as novas regras
do Acordo Ortográfico da Língua Portuguesa.

Todos os direitos reservados à Pallas Editora e Distribuidora Ltda.
Não é permitida a reprodução por qualquer meio mecânico, eletrônico, xerográfico
etc. de parte ou da totalidade do conteúdo e das imagens contidas neste impresso
sem a prévia autorização por escrito da editora.

CIP-BRASIL. CATALOGAÇÃO-NA-FONTE
SINDICATO NACIONAL DOS EDITORES DE LIVROS, RJ

R141a
v.1

Ramos, Anna Claudia, 1966-
    Aconteceu na escola : um dia de princesa / Anna Claudia Ramos, Sandra Pina. - 1.ed. - Rio de Janeiro : Pallas, 2012.
    44p.

    ISBN 978-85-347-0481-6

    1. Ficção infantojuvenil brasileira. I. Pina, Sandra. II. Título.

12-1586.   CDD: 028.5
     CDU: 087.5

Pallas Editora e Distribuidora Ltda.
Rua Frederico de Albuquerque, 56 – Higienópolis
CEP 21050-840 – Rio de Janeiro – RJ
Tel./fax: 21 2270-0186
www.pallaseditora.com.br
pallas@pallaseditora.com.br